바다는 아무 말도
하지 않았다

김유미 두 번째 시집

바다는 아무 말도 하지 않았다

좋은땅

시문

어떤 날은 웃었고
어떤 날은 울었다
살아온 날들이
두 팔 벌리고 서 있는
그림자 위에
햇살 한 줄
매달고 싶어서

목차

시문 5

1부

너와 나 12
내일은 13
바다는 아무 말도 하지 않았다 14
왜 자꾸 슬퍼지려 할까요 16
부재 18
외로움 19
떠나기 20
봄날에 21
장마라서 22
어느 시점에서 23
느린 걸음 24
장마와 달빛 26
바람 아픈 가을 27
망각 28
달빛 기억 29
첫사랑 30
가을 때문에 32
홀로인 것 33
춘설에 34
어느 하루 35

첫눈 　36
세밑 　37
꿈에 　38
미안해서 　40
네가 보고파서 　41

2부

보름달 　44
내 안에 바다 　45
지난날 그리고 　46
어쩔거나 　48
부정맥 　49
새드 엔딩 　50
부질없는 생각 　51
헛웃음 　52
이별 　53
황혼에 서서 　54
우린 　56
붕어의 꿈 　57
돌아와 선 자리 　58
묘지 　59
산다는 거 　60
너를 버렸다 　61
무언의 혈투 　62
문득 　63
아티스트의 무대 　64
바이러스 　65

다시 만나요　*66*
변심 때문에　*67*
진화　*68*
살다 보니　*69*

3부

행복　*72*
걸어야겠다　*73*
운명　*74*
밤중에　*76*
시월에　*77*
기억이　*78*
내게로　*79*
철쭉이 폈어요　*80*
여름 길에서　*81*
남자친구　*82*
떠난 것들　*84*
숲속에 앉아　*86*
시의 몸짓　*87*
여행 때문에　*88*
실없이 묻는다　*89*
물음표　*90*
소낙비였으면　*91*
장터에서　*92*
산이 불러서　*93*
가지 끝에 서 있는 너를 보며　*94*

병원 대기실　*96*
빈집 앞　*97*

4부

절망　*100*
신들의 위로　*101*
괜찮아　*102*
가야 할 길　*104*
병원에서　*105*
장마　*106*
어떤 가족　*108*
잠의 내부　*109*
일탈　*110*
집착　*112*
우울　*113*
안채의 여자　*114*
졸혼 전야　*116*
졸혼　*118*
이기적인　*120*
잠의 유령　*122*
어떤 생　*124*
요양원의 벚나무　*126*
가뭄　*127*
애비의 생　*128*

작가의 글　*130*

1부

너와 나

내게로 오렴
서로 맞닿은 가슴을 나누자

바람은
바람끼리 부딪히며 살아가고
강은
바다에 안겨 흰 물살이 되는 것

너와 나
이승의 한숨을 나누어 흩뿌리며
한세월 품어보자

내일은

내일은 맑음이었으면
모질게
부서져 내리던 비
괜찮아
곧 구름이 무너질 거야
아까
등 뒤에 숨어 흐느끼는 걸 봤어
머잖아
너의 환한 날을 만날 거야
내일은
새날인걸

바다는 아무 말도 하지 않았다

바닷가 한 모퉁이
여자가 엎드려 물을 만지고 있다

바다는
밤새 퍼 올린 해무를 거느리고
거대한 생물처럼 흐느적거리며 달려온다
노려보는 여자
물이 시퍼런 숨을 몰아쉬며 발목을 잡아당긴다

파도와 맞붙어
생을 넘겨버린 아들의 비명을 파도가 건져 올려
여자의 가슴에다 비벼대고 있다
산화하지 못한 슬픔이
물속에 둥둥 떠다니다 고개를 내민다
그 속에 처박히면
물은 제 몸을 뒤집어 비밀한 속내를 보여줄까
끌고 간 이유를 파도소리로 덮은 채
달려들어 치맛자락을 끌어당기는 바다를
하늘이 불안하게 지켜본다

형벌 같은 밤

한쪽이 허물어진 여자의 집
더는 내줄 것이 없는 무언의 공간으로
바다가 밀고 들어온다
침몰하고 싶은 여자가 어둠을 졸라
자꾸만
바다를 안고 심해로 곤두박질치고 있다

왜 자꾸 슬퍼지려 할까요

별것도 아닌 것에도
아련한 슬픔 같은 게 뭉클거릴 때가 있어요
누구나 감정이 같을 수는 없죠

저만큼서 뛰어오는
그리운 사람을 마중할 때나
포옹으로 이별할 때
살다가 만나지는 그런 것들이 시큼거리게 해요
눈물도 고이죠
그 눈물은 깜깜한 슬픔 때문은 아니에요

시간은 행복과 슬픔으로 작동되고 있어요
행복은 순식간에 터지는 불꽃놀이 같고
슬픔은 쉽게 개이지 않는 장맛비 같아요

오늘은
방 안에 앉아서 피렌체를 갔어요
텔레비전을 봤거든요
그 속에선 난
빨간 지붕이고 파란 바다고
금방 결혼한 행복한 신부도 됐어요

그러다 이내 침묵이었어요
환상이 가만히 부서지며 나도 지워졌거든요
나는 또
왜 자꾸 슬퍼지려 할까요

부재

누군가 살다 떠난 자리
밤새 찬바람이 불었다

여름인데 찬 비가 내리고 낙엽이 진다
절망마저 비켜간 그곳
칠흑 같은 어둠뿐이었다
나는 지금
비워진 그 집으로 간다
한여름
얼음 같은 한기가 서있는 방 안
주인 잃은
사물들이 낮게 떠다니고 있는 그곳에
남겨진 심장 하나 있다
누군가 살고 싶어 했던 그 자리
문틈으로
질기게 찬바람이 분다

싸리문 밑에 채송화가
엎드려 가늘게 떨고 있다

외로움

문밖에 서 있는 이가 있습니다

숲을 떠난 풀잎 하나 허공을 떠돌다
가만히 엎드려 있는 한낮

유난히 탐스러운 햇살이 나직이 슬픔을 쓸어안는

몇 개 남은 기억마저 다 스러질
하얀 정막에
낙하하는 깃털처럼 흔들리는 물 고인 눈망울인데

빛 하나 없는 고독을 두드리는 이가 있습니다
깊어서 더 내려갈 수가 없는데

누구인가
파도도 비켜가는 섬이 된
무덤 같은 집 밖에 서있는 이는

떠나기

어지러이 돌아가는 세상자락에 끼어
허리 휜 생을 끌고 간다
날은 저물어
늙은 새는 둥지 찾아 날개를 접는데
어디서
무얼 찾아 돌고 있는가
내려오라
둥지를 찾은 새처럼
고요를 가슴에 두고 네 자리를 내어주라
저절로 흐르는 생에서
완성하지 못한 문장들을 발밑에 쌓아두고
목록 속에 빛나는 한 줄을 찾아
빈 춤을 추던 너의 무대에 불은 꺼졌다
한 방울의 눈물 없이
짧은 유서도 없이 가라
풀잎은 풀잎의 꿈을 이뤘지만
이룬 것 하나 없음으로
겨울 마른 잎처럼 떨어져도
서러울 것도 없다
불속에서 노래하는 자작나무처럼
비밀한 새의 죽음처럼 떠나라

봄날에

나비인가
내다보니 꽃잎이다
눕기 싫어설까
바람 등에 업혀 놀고 있다
마지막 꽃잎 떨어지면
내게 남은 봄
또 하나 내줘야겠지
한 꺼풀씩 가져가 버리면
가벼운 건 몸일까 마음일까

꽃잎이
떨어지며 저리 환하게 웃고 있으니
어쩌랴
선 채로 서성거리며 살 일이다
눈물 따위
웃음에다 버무려 볼 일이다
몇 번이나
너를 다시 볼 수 있으리

장마라서

문우가
연꽃을 보러 가자네요
장마라
부침개나 해 먹자고 했어요
메시지가 더 없어서
난 강판에 감자를 갈면서
유리창에 토닥거리는 빗소리에 취해 있어요
앞산은
비와 구름에 막혀 볼 수 없어
숲은 비밀을 전하지 못해요
나는 온전히 자유예요
발가벗고 부침개를 먹어도 되고
가지 많은 슬픔을 방바닥에 꺼내놓고
목 놓아 울어도 돼요
숲들이 마냥 쳐다보고 있어서
맘껏 울지도 못했거든요
숲이 방심한 틈을 타
비밀한 비밀들을 꺼내 보려는데
메시지가 울려요
연꽃이 피었대요
향기를 보냈다며 웃고 있네요

어느 시점에서

또 한 번의 여름이
기울어 가는 저녁 속으로
장미 나무가 기운다
가시는 그만큼 사나워졌다
원하던 생이 아닌 걸 알았을까
누구나
이룰 수 있는 게
별로 없다는 것을 알지 못한다
내일이 희미해지는 시점이 오면
놓쳐버린 것들을 주워 보려 하지만
시간을 더듬는 사이
말라가는 나무는
날마다 사나워지는 가시에 찔려
기울어진 채
눕지도 못하고 있다

느린 걸음

아픈 무릎을 가진 걸음은 느립니다
거리에선
걸음마다 고통이 슬그머니 일어서고 있어
나를 스치고 지나간 사람들의 뒷모습만 보입니다

건널목 앞에 서면
마음이 앞서 몸이 반쯤 엎드린 채로 허둥대죠
그건 내가 제일 싫어하는 모양새입니다
그러고도 빨간 불빛에 늘 혼이 빠집니다

계단은 일단 멈추고 먼저 지지대를 살펴야 합니다
어름 잡아
한 계단과 다섯 계단의 차이가 납니다

내리막에서는 몸을 옆으로 돌리고
게걸음 흉내를 냅니다

내가 방심한 틈에 통증은 걷잡을 수 없이 자라나 있었죠
더 느려져서
내 시간이 나를 두고 뛰어 갔어요

나를 버린 시간들
내 젊은 날들이 다 거기 있었네요
얼마큼 밑지고 사는 생일까요

구부리지도 뻗지도 못해
살금살금 느리게 걷기만 하고 삽니다

장마와 달빛

어제는
달빛이 마음을 적시더니
오늘은 빗물이 몸을 적시네

달의 저녁이라
마음 말릴 수 없고
장맛비에
풀잎처럼 눕지도 못하니
한동안은
젖은 채로 살 일이다

남쪽 끝
바다에는 맑은 달이 떴다는데
마음 먼저 보내고
빗줄기는 잠시 쉬라 하고
몸도 따라나서 볼까

바람 아픈 가을

이토록
가슴 시린 날을 몇 번이나 더 볼 수 있을까
늘 가을이면 좋겠어

허한 눈으로
병실 밖 나뭇가지에 든 가을 속을 서성이다가
서있는 겨울을 봤어
겨울까지 갈 수 있을까
몸이 도리질을 한다
물어봐야겠어
옥상 정원에 앉아 있는 바람에게

탁해진 피가
계단 끄트머리에서 쉬어가잔다
구부린 등 뒤로
햇살이 다가와 토닥거렸다
괜찮아
겨울은 오지 않아
네가 가을이니까

망각

안개꽃을 좋아했던 남자를 알았지
하얀데 얼핏 분홍도 같았어
카멜레온같이
현란한 몸짓과 긴 혀로 나를 옭아매었지

그해 봄날에
한 방울의 진실에
꽃들이 소요하듯 소문들이 번지고
그는 돌출된 눈으로 주위를 경계하더니
한해살이가 끝나기도 전에 색을 바꿔버렸어

쓰다 만 문장들만 수북이 쌓아놓은 방 안
서설이
유리창으로 안개꽃인 듯 기웃거리다
소리 없이 흘러내리고 있었지

버림받은 문장들을 버리지 못했고
식지 않은 심장이 있고 울음도 남아있어
어둠의 신에게 망각을 구걸했네
그래도
남자를 구걸하진 않았네

달빛 기억

방바닥에
달빛이 길게 누워있다
상념도 없이
무아에 젖은 듯 고요히 고고하다
그는 고고한데
나는
지나가버린
그림자들이 우뚝 서있는 것처럼
혼란 속에 있다

백 년쯤 지난 것 같은
내가 버렸고
나를 버린 것들이
비릿한 기억으로
줄줄이 달빛 속에서 파닥거린다
늦도록
나를 꺼내보고 있다
달빛은 여전히 바닥에 누워있고
나는 소파에 누워있다

첫사랑

몇 개의 계절이 지나가도록
그에게선 소식이 없다
거리만큼 뜨겁지도 차갑지도 않은
그러면서 몇 구절의 시로
그리움 같은 안부를 물어오곤 했다

그때 익숙한 산길에서 빗나가 종종 길을 잃었는데
아마 일부러 그랬을 것이다
덤불을 헤치고 달리면 종아리에서 피가 났다
머리 위로 손가락처럼 펼쳐진
코스모스 꽃무리가 내려다보고 있었고
풀들은 팔을 내밀어 안아주었다

샛별 같은 날들의 그림들은
선명했다가 찢어진 옷 조각처럼 흩어져가곤 했다
어느 날 눈짓 하나 없이 멀어졌고
간간이
빗물처럼 스며들 때
젖어드는 마음의 마디를 잘라 내곤 했다

흘러가버린 날들

드물게
술에 취한 듯 그때의 부스러기를 주워보는데
연락하진 않을 것이다
궁금해하지도 않을 것이다

그러면서 한 번씩 폰은 열어 볼 것이다

가을 때문에

애가 탔어
우리가 마주하지 못한 가을자락들이
흩어져 있을 거 같아

지난해 두고 온 눈빛에게 길을 물어
쏟아져 내린 가을 속으로 들어갔지

지난 기억을 읽었을까
치맛자락 잡고 엉켜드는 낯익은 붉은 잎들이
한 페이지를 휘돌아 떠오르게 한다

먼 길을 손잡아 걸어온 이들
가득 퍼 올린 커피 향에 오늘을 퍼 담았다

눈앞에 만져진 가을은 잠시 내 몫
보이지 않는 그 너머 풍경은 또 다른 이의 몫

내일이 흐릿한 나이
어스름에 오늘이 부서져 내리는데
우린 또
미뤄둔 가을 때문에 얼마큼 속앓이를 할까

홀로인 것

보이지도 닿지도 않는 등이 아프다
붙이지 못한 파스 한 장에
한숨이 굴러떨어지는 밤이다
언제부터였을까
낮의 모습으로
가난한 밤의 빈 골짜기를 메우고 있다

낮의 카페
찻잔에 허세를 듬뿍 풀어
부풀린 입술로 쓰디쓴 에스프레소를 달게 마신다
천장에 달라붙은 허세의 목록들이 화려하다

밤이면
풀잎에 숨어 우는 풀벌레
지독한 고립으로 몸을 비틀고 있는 건 아닐까
숨을 안으로 모으며
낮의 기억으로 너덜해진 밤
나 그리고 그들에게 진실의 속내는 뭘까

어디선가
풀벌레 울음이 가느다랗게 들린다

춘설에

한바탕 눈이 놀다 간 자리
바람이 드세다
막 피어난 목련 쿨렁이다가 떨어졌다
게으른 눈
꽤나 꽃이 보고팠나 보다
모르고 핀 꽃
그리도 쉽게 고개를 떨구고
가지는
빈 채로 잎을 기다릴 것이다
절에 다녀온 노모
춘설에 기를 뺏겼나
쿨럭이며 들어서더니 자리에 누워버렸다
노모의 계절은 반듯했었다고
세상이 허둥대니
꽃도 눈도
계절도 번번이 길을 잃는다고
툴툴거린다

어느 하루

홀로 내리던 겨울비
허공에서 눈을 끌어안았다
빗줄기 잡은 눈
바닥에서 비틀거린다
사라져 가는 것들
존재 없음의 서글픔이다
어느 하루
부서져 내리는 하늘 모퉁이에
옛일 하나 남겨지면
너와 나
그저 나뭇잎처럼
굴러다녀도 좋으리라
저 불빛 없는 창
어둠 속에서도
우리들
하나씩 남기며
느릿느릿 살아가기에

첫눈

실없이 설렌다
너는
슬며시 내려와
하얗게 물들이며
쉼 없이 떠도는 시가 되었다
그 속에
녹아내리는 마음은 내버려뒀다
새들은
보폭에 맞춰
눈 사이를 가르고 있고
벚나무 잔가지 위에
까마귀 한 마리
검은 입을 벌려 조용히 울고 있다
맥없이
젖어 오는 건 두고 온
빛바랜 이름 하나
실없이 설렌다

세밑

몸을 흔들어
풀벌레처럼 울어도 좋을 세밑입니다
지나간 것들이
울음과 웃음으로 들려옵니다
달이 기운 강가
나룻배 하나
흔들리며 오는 이 가는 이 기다립니다
적막을 붙잡고
강이 흐느끼면서 흘러갑니다
문득 오늘이 달려옵니다
문득 오늘이 달려갑니다
나는
비탈진 강기슭
녹슨 못에 박힌 낡은 의자처럼
늘 그 자리에 서 있습니다

꿈에

들판을 뛴다
다리가 허우적거린다
어슴푸레 보이는 그림자
저만큼
바람이 서있는 곳에서 그가 돌아본다
불러 봐도 소리는 울대에 갇혔다
그를 찾아 헤매는 내가 보인다
그가 있는 곳으로
달려도 달려지지가 않는다

전화를 해야 하는데
숫자판에 숫자들이
제멋대로 흩어졌다 합쳐지며 춤을 추고 있다
강아지 풀씨가 머릿속을 헤집고 다닌다
이생의 통증이 꿈속으로 들어오고
목에서 신음 한 가닥이 튀어나왔다

낯선 방 안에 그가 있다
소리쳐도 닿지 않고
그는 엎드려 신발을 신고 나간다
거뭇한 들판에

구름을 향해 뻗어있는 재크의 사다리들
자동차들이 경적을 울리며 계단을 올라가고 있다
강아지풀들이 다리로 엉켜 붙는다
허공을 가르는 헛발질
경적소리
두통으로 부딪치는 이생의 알람이 울린다

미안해서

너를 미워했다

그러면서
내가 미워지는 줄 몰랐다
교만한 줄도 몰랐다

어느 날 보니
거울 속에
미운 사람이 서있다
거울 속에
교만한 사람이 서있다

너한테
나한테 미안해서
이뻐 해야지

했는데 서툴다

연습을 해야지
그랬는데
어느새 저녁이다

네가 보고파서

멍하니 앉아
또 하루가 떠내려가는 걸 바라본다

낡은 책 표지처럼 바랜 시간들
그 깊숙한 곳에
희미하게 돌아서 있는 너
너와 나
검은 머리 파뿌리가 될 때까지라 했지
그 시간들
꺼진 불처럼 식어버렸지

나는
너 없는 세상에서 마른 나뭇잎처럼 부서져
주저앉아 울지도 못했어
밤이면
네 꿈을 모으고 싶어서 자꾸만 불렀어
슬픔을 묶어놓고
낮은 울음으로 부르는 이름
알려 줘
어느 꿈길
어느 바람 속에서 너를 찾을 수 있을까

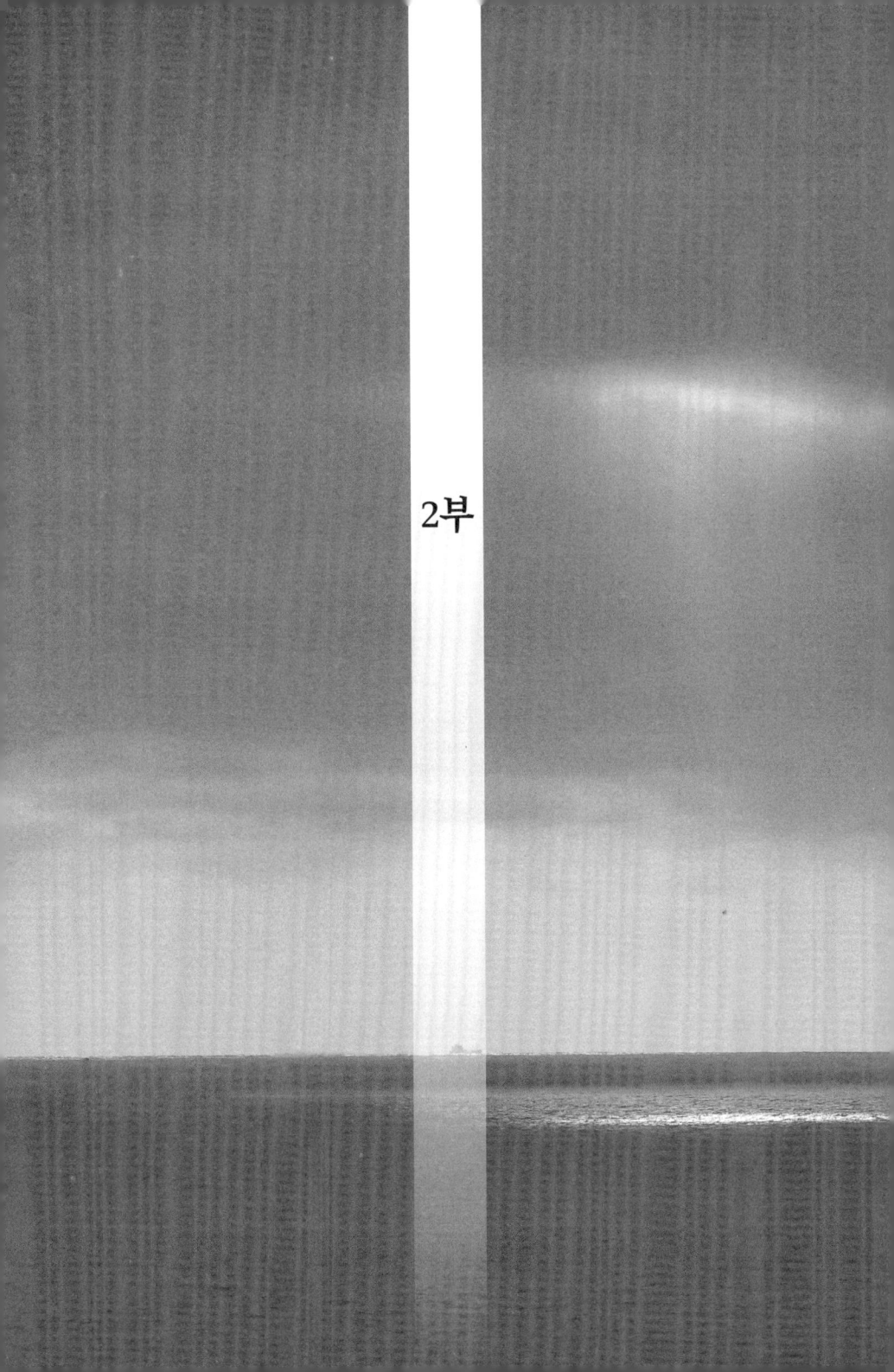

2부

보름달

보름달 앞에 서면
어머니의 기도가 일렁인다

죄 없는 죄라도 빌지 않으면
번개 같은 재앙을 맞을지도 모른다는

맹물 한 사발 앞에서
강물처럼 쏟아내는 절절한 속내

풀어진 실타래처럼 끝이 없는 기도는
해마다
긴 줄을 끌고 달 속으로 들어가는데

찡그릴 줄 모르는 달은
그저
아이처럼 환하게 웃고만 있다

누군가 뒤집어 보면
달도
분명 뒷면에 까맣게 타고 있는 속내를
숨기고 있을 것이다

내 안에 바다

저 맑은 햇살이
쿨렁이며 웃음을 던지면
난 설레어 수신인 없는 전화를 해요
그림자도 없는 방에다 나를 가둘 순 없어요
가요 저 빛 속으로
맨살을 밀어 넣어도 괜찮아요
어서요
우리의 부재에
다른 이가 햇살을 가져가고 있어요
나뭇잎에 앉아 일렁이는 빤짝임은
파란 바다를 닮았거든요
바다가 보이지 않는 도시에서
밤이면 퍼 올리는 바닷물에
흠뻑 젖어 깨어나서는 일기예보를 보지요
내 속엔 오래된 바다가 있어요
설레게 젖을 뿐
퍼내도 줄지는 않아요
젖은 마음은 햇살에 내다 말려야 하는데
어쩌죠
내일부터 비가 내린다는데

지난날 그리고

비가 와서 찾은 카페
고개를 쑥 내밀고 친구의 눈을 바라본다

살아오면서
명치에 걸려있던 한숨들이 튀어나와
눈가 주름이 접혔다 펴지곤 한다
그럴 땐 입가에 주름도 더 깊게 파인다

갈색 우울이 탁자 위를 맴돌다 내게로 달려든다
선잠에서 깨어나듯
뜨거운 커피를 삼키는 걸로 털어낸다

내일은 맑음이라는데

유리창을 비벼대며 내리는 빗줄기
살아보지 않은 날들이 저 비바람 속에 담겨
어디로 흐를지는 모른다

가 보자 그날들로
가지고 온 앞날이 설레게 했는지
금세

꿈꾸듯 동그란 입술로 부풀린 바람을 불고 있다

밖은
어떤 한숨이 담긴 세월을 둘러매고 가는지
비바람이 거세다

어쩔거나

흐느낌일까
꿈도 자지러드는 자정에 흔들리는 파동
아비는
등줄기에
밤이면 더 굵어지는 빗줄기를 숨겨두었다
태 항아리를 묻어 둔
쓰디쓴 골목끝집
땅 밑에서 말라가는 풀뿌리들뿐
발걸음이 끊긴 길에
돌아오는 건 목이 꺾인 발자국 하나뿐
부러진 날개로 멀리 날아가는 꿈을 꾸다가
뜨거운 숨을 몰아 등 비늘을 벗겨내고
널름거리는 물속으로 들어가는 밤
비는 차라리 배회하는 죽음의 속삭임이었다
그 여름
물 삼킨 구름은 돌아섰는데
어쩔거나
그의 하늘은
지독히도 쉰내 나는 밤
빗물에 부서지는 뼈마디의 울음을

부정맥

내겐 멍든 심장이 있다
한 움큼씩 피를 뿜어내고는 있지만
맥을 놓기도 하고
무섭게 요동칠 때도 있어
떼쓰는 아이 달래듯
괜찮아 괜찮아
지나갈 때까지 눈을 감고 있어야 해
멍든 줄도 모르는 심장이라서
알아차리는 법을 몰라서
두드려대도 몰랐어
억울하지는 않아
나보다 먼저
병들어 가는데 버려둔 건 나였어
늘 가던 길이라고 마구 뛰다 보니
애먼 길이었네
너무 멀리 가지 않게
미안해하다가도
시든 화초처럼 버려뒀지
내 심장
사랑은 없는데 멍든 하트는 있네

새드 엔딩

초록이 속삭였다
벚꽃이 피었다고
솔깃해서 꽃길을 달려보고 싶었다
작당을 하고
바람 한 스푼 햇살은 통째로 주문을 넣었다
전날 밤
마지막 별이 돌아가길 지켜보다 이른 새벽을 깨웠다
바람을 자동차 범퍼에 매달고
너도나도 더 부풀려져
커피에 웃음을 버무리는 일에만 열중했다
뒤따라오던 햇살이
고개를 저었지만 보지는 못했다
오전이 한참 익어가고 있고
아직 정점에 도달하지 않아서 동력을 끌어올렸다
몇 초가 과했을까
바퀴에 매달린 바람이
비명을 지르며 땅에 처박히는 순간
햇살도 길바닥에서 빠르게 삭제됐다
그리고
새드 엔딩

부질없는 생각

방바닥에
하루가 맥없이 누워있고
돌아가는 화면에다
실없이 반쯤 감긴 눈만 굴리다
문득 이사를 가고 싶다
아니
비라도 쏟아지면 좋겠다는 생각을 했다
지난해처럼
벚꽃은 서럽도록 활짝 피어
창문을 열고 보니
빈 놀이터만
햇살 모서리에 앉아 끙끙 앓고 있다
뜨거웠던
내 그림자 몇 개도 거기 앉아있네

헛웃음

비가 내려
울적함을 빗물에 흘려보내는데
지인이 냉면이나 끓여 먹자 한다
냉면보다 말이 고파서 그러자 했다
허물을 몇 겹 벗어던진 삼십여 년 지기

자 이제
끓는 물에다 면을 넣고 저어야 한다며
한 손으로 삶은 계란을 오이채를 썰어
순식간에 열무김치에 겨자를 듬뿍 넣어
빗줄기 같은 냉면을 비벼 내놓는다
빠른 손놀림
느지막한 나이가 시켜온 일이다

너와 나
새댁으로 스무 살을 가져가고
자식들로 서른 마흔을 가져가
잎 떠난 가지처럼 홀로 남았다
타국으로 떠난 새끼들
어쩌다 들려오는 전화소리에다 목을 축이며
그저 헛웃음 한번 웃고는 돌아서서 운다

이별

꽃잎이 지네요
꽃이여
피었다가 그리 가버리면
젖은 마음 둘 곳이 없어요
오늘 어디선가
그윽했던
그대의 향내가 나네요
나는
꽃잎 되어
날아가는 그대를 보고 있었죠
너무나 멀었거든요
이별이 없어서
눕지도 못해
몇 밤을 젖은 채로 울었어요
알고 싶어요
남쪽 바다에 누가 산다죠
거기에
이별들이 모여 있나요

황혼에 서서

알맹이 빠져버린
마른 쭉정이 매달고 있는 옥수수 줄기가 슬프다

알갱이 몇 개 움켜쥐고
서러움에
마른입을 벌리지도 못하고 헐떡이고 있다
나쁜 꿈이 목덜미를 누르고
모세혈관에 눌린 발끝이 둔하다

숨 차오르는 날
찬물을 한 모금 넘기듯
그림 같았던 날들을 찾아 바람의 냄새를 더듬거린다

부러진 빛에 달도 기울어졌다
감정의 상실
무릎이 꺾이는 몸의 상실을 아는가
까마득하게 떨어지는 꿈을 꿔 보지도 않은 이가
빈손으로
등을 토닥여준다

저 옥수수나무는

누렇게 병든 잎을 왜 놓지 못하는 걸까
데려간다던 바람은
어디서 또 길을 잃었을까

우린

커피 향 앞에선
늘 가슴을 데이죠

우리가
마신 건 한참을 돌아온 추억이에요
커피 프림처럼 섞여서
그 향기는 마르지 않아요

라떼 위에
멋진 하트 크레마를 얹어야겠어요
향기를 소중히 가둬야 해서요

거센 바람도
데려가지 못하고 돌아섰어요
괜찮을 거예요
우린
서로의 향기들이에요

붕어의 꿈

무리에서 이탈한 붕어 한 마리
먹이에 걸려들었다
손바닥에서
낮은 울음소리가 들린다
그들도 울음이 있구나
바늘을 빼고 놓아주자 잠시 머뭇거리다
그들의 세상 속으로 스며든다
바늘의 통증도 마른 손바닥도 기억하지 못한다
그럼에도
뭍에서의 빛과 숨 막힘은 기억하리라
입안에 잠시 머금었던 죽음
그 일을 떠올리며 한동안은
먹이 앞에서도 비켜서리라
그들은 그들만의 소리로
몸짓으로 한 끼의 먹이를 취할 뿐
어쩌면
붕어의 꿈은 그뿐이리라

돌아와 선 자리

소꿉친구가
반생을 보냈던 서울에
옷 한 벌 남기고
타향 같은 고향으로 내려갔다
산다는 건
심장에 박힌 몇 개의 못을
움켜잡고 가는 것
여자는 불운했다
빗나간 선택으로 생이 비틀린 채 꼬였고
여자가 들기엔
세월은 무겁고 길었다
도망치듯 떠났던 고향
그곳에
다 잃은 여자가 빈 채로 돌아와 서있다
인연이 잔돌만큼 남아있는 곳
여전히 태양은 떠오르고
노을은 졌다
더 잃을 게 없는 여자에게
남은 시간이 찾아와 말했다
그 냄새 그대로인 바다가 있다고

묘시

산이 햇살의
목덜미를 잡아당긴다
그늘 아래
줄 맞춤 한 주검들
멎은 숨이 억울한 젊음
더 억울한 산 자들
한이 뒤섞여 끓는 소리에
산은
속병을 앓고 있다
가없는 생이
훌쩍거리는 머리 위로
달이 기운다
손사래 치는 산에게
훗날을 부탁했다

산다는 거

할 일이 없이
지나간 마음들을 모아봤다
더러 버리고 왔으니
남은 것도 없겠다 그랬다

나는 너에게로 갈 수 없었고
너는 나에게 올 수 없어서
어떤 아침은 어둠이었고
어떤 저녁은 피 말리는 슬픔이라서
마른 가지로 남겨졌으니
아쉬워할 것도 없다

모아보니
바람 속에서도 울다가 웃다가 했고
꽃은 피고 지고
슬픔은 얼룩을 남기며 흘러가고
밤의 아픔도
새벽이 걷어가
엎드려 살아도 견딜 만했으니
어쩌면
산다는 거 별게 아니구나

너를 버렸다

알기나 했을까
너의 시선이
그 여자의 목덜미에 닿아있는 것을
거기에 내게서 옮겨간 불씨 하나
황홀하게 태우고 있는 것을 알기나 했을까

어느 맥 빠진 오후
불안이 내 방으로 들어왔다
들어오면서 비웃었다

그를 품었던 가슴이 먼저
문 앞에 선 그의 등을 떠밀었다
그는 떠밀리면서 주절거렸다
한숨도 없이

주렁주렁 매달린 우리 시간들을 떼 내어
그의 가슴에다 던졌다
너를 끊어 내기가 이리 쉬워서야

아직은
젖어내릴 가슴일 줄 알았는데

무언의 혈투

선암호수 연꽃지
의식을 치르듯
겨울나무들이
가지마다 얼음꽃을 매달았다
빈 하늘에도
새들이 날지 못하는 새벽
얼음가시를 온몸에 꽂은 채
얼어 피운 꽃
사나운 바람에도
햇살을 향해
얼음조각 사이로
빛을 휘감으려 흔들어 대고 있다
살려는 몸짓
호수 아래 붕어들
연꽃 뿌리를 파고들어 죽은 듯 잠겨있다
겉은 평온한 풍경
그 속내는 무언의 혈투
내일은 더 춥다는데

문득

일방통행로를 뱅뱅 돌고 있는 마을버스
손잡이에 몸을 매달고
눈길은 옷깃 사이를 건너가고 있다

유리창 안은 밖을
밖은 안을 그만큼의 속도로 멈칫거리다 지나간다
스치는 것도 인연이라 했던가

전생을 돌아온 잠깐의 마주침이 얼마나 멀고 가까운지
생의 상자 안에서 당신과 나
오늘도 뱅뱅 돌고 있다

노란 버스
사람을 힐끔거리며 달린다
거리의 사람들 버스를 바라본다
이 길에서 마주친 문득 한 먼 생이어도 좋겠다

아득한 인연은 반대 방향으로 엇갈리고
방지턱을 넘는 버스
시간의 한 페이지를 덜컹 넘기고 있다

아티스트의 무대

우연히 TV에서
아티스트의 무대를 봤어요
착시일까요
본 적도 없는 외계인이
레이저를 쏘아 대고 있네요

허상 이겠죠
천상의 음계를 누구도 들을 수 없지요
영혼이 털리거든요
저항도 없이
돌아올 수 없는 곳으로 끌려가버렸어요

그곳에서 그가
지구를 돌리고 있네요
모두들 꼼짝없이 돌고 있어요
멍하니 버려 둔 지 한참 만에야
사방을 둘러봤어요

화면에서 허기진 광고들이 줄을 늘어뜨려
끌어당기고 있어요
빨려들기 전에 그만 꺼야겠어요

바이러스

벚꽃도 서러운 날들이라
아스라이 잊고 있었는데
먼 곳의 친구에게 안부전화를 받았다
간밤에 꿈을 꾸었다며

외계인처럼 마스크를 쓰지 않으면
나갈 수 없는 세상
바이러스로
다 잃은 이들의 소리 없는 절규를 들으며
페시미즘[1]에 빠진 사람들
너도나도 빗장을 거는데

안부를 띄우며
물에 뜬 꽃잎처럼 너를 떠올릴 뿐
훌쩍이며 피어있던
벚꽃이 순식간에 떨어져 버리는 것도
모두가 무지한 너와 나의 탓이라며
외면하는 신들
남은 생 어디서 구원을 찾을까

---

1 비관주의.

다시 만나요

저기요
모란 다시 피기 시작했어요
새들이
마른 가지에 매달려 밤낮으로 울어댔거든요
잠자던 숲들이 깨어나네요
자 이제
눈을 뜨기만 하면 꽃들의 춤을 볼 수가 있어요
새들처럼 울고 있으니
슬픔이 힐끔거리며 지나가네요
돌아볼까 봐
고개를 숙이고 햇살에게 달려가요
슬픔에 눈물이 말랐거든요
따뜻한 눈물은 아껴뒀어요
그 눈물에는 새들도 울지 않아요
숲이 깨어나 노래해요
이제야 사방에서 춤을 추네요
당신처럼
모란도 그리 서둘러 떨어져서
새들에게 미안할 거예요
그래도 향기는 남아있어요
절대 잊지 않을 거예요

변심 때문에

앓아누웠어
온몸에 엉켜 붙은
너의 자국을 떼 낼 수 없어서
고열을 견디고 있어

더는 넘기지 않을 거라며
써내려가던
페이지를 덮고 들어가 버렸어
잠긴 문 틈새로
오만이 냉정이 새어 나왔어
불 켜진 방 안에선
수신음조차 들리지 않았어
영혼도 조각난다는 걸 그때 알았지

심장은 꺼졌는데
촉감을 생생히 기억하는 몸뚱이가
너의 손길을 졸라대며
가쁜 호흡으로 불러대고 있어
독주 같은 변심을 마셨으니
몸부림으로도 버티지 못하고 누웠어
앓아누워 버렸어

진화

우리는 실패로 진화한다
나는
당신의 바깥을 좋아했다
당신의 속내도 내 것이라고 보챘다
그는 가벼운 입맞춤 몇 번에
도망치듯 사라졌다
아물 수 있을지는 개의치 않기로 했다

나는
승리자처럼 웃었지만
숨어서 울었다
그러고도 한동안
한쪽에 남아있는 울음 몇 조각 꺼내들고
부스럭거렸지만
그리 오래지는 않았다
이렇게 또 한 번 진화하는 거라고

문득
이러다가 나는
머잖아 몇 배로 무거워진 나를 떠메고
맥없이 가라앉을 수도 있겠구나

살다 보니

웃었던 날은
잊혀진 과거처럼 희미해졌고

울었던 날은 샘물처럼 맑아서
세월만큼 깊어졌다
한 번씩 들여다보고 속을 끓이지만
목 놓아 울지는 않는다
엉켜 붙어 있는 화 때문이다
화들이 슬쩍 건드려지면 불같이 올라온다
난감하기는 어리벙벙한 남자
달려드는 불길을 맥없이 받아내고 있다

억울했던 한 사람은
허리둘레만큼 강해졌고
강했던 한 사람은
마른 가지처럼 약해졌다
버텨도 보지만 번번이 패잔병 꼴이다
세월을 어쩌랴
밟히지 않으려면
지렁이처럼 납작 엎드려 꿈틀거릴 수밖에

3부

행복

가을을 가득 채운 하늘을
호흡하는 일
어제 본
그와 다시 만날 날을
세어 보는 일
마음 한 귀퉁이에 접어둔
들풀 같은 기억을
데려오는 일
숲의 내음이
시월의 달빛이
동해의 파도가
가슴에 출렁거리는
이토록 너를 가득 담고 있는데
너를 찾아
날마다
먼 데를 뒤적이고 있구나

걸어야겠다

걷다가
소낙비가 그치길 기다리며
카페에 앉아
물끄러미 호수를 바라본다
물 위로
목을 내미는 물고기를 쓸어안으려
물이
몸을 흔들어 숨을 토하고 있다
물살에 쓸려 버둥대는 고기들의 울음에
풀숲에서 젖은 오리
날개 속에 새끼를 숨긴다
호수 위를 휘몰이하다
빠져나가는 구름덩이들
어디로 가는가
아직 맴돌고 있는 바람에 길을 물어
마른 길을 찾고 있는가
비야 그쳐라
걸어야겠다

운명

한 청년이 여자를 사랑했네
여자도 남자를 조금은 좋아했어

둘은 미지근하게 껴안고 세월을 보냈네
어설프게 입맞춤도 했지만
잠시의 이별을 앞두고
약속도 못하고 엉거주춤 망설이는데

운명이 찾아와 말했네
말하지 않아도 알고 있을 거라고
운명이 시키는 대로 다녀오라고
그 말을 듣고 기다란 기차를 타고 떠났어

남자의 그리움은 더 짙어졌고
여자는
말없이 떠난 남자를 잊어가고 있었네
남자가 돌아왔을 때
여자는
다른 남자와 맺어져 떠나가 버렸네

운명을 원망하면서 다른 여자를 만났네

그러면서 남자는
계절이 지나갈 때마다
저물어가는 산기슭에 늦도록 홀로 앉아
떠난 여자를 끌어안고 울었어

운명이 찾아와 조용히 말했어
그게 네 운명이란다

밤중에

밤중에 자꾸 깬다

빗소리인가

달도 잠든 텅 빈 어둠뿐인데

누가 왔다 갔을까

다 어디로 가 버렸을까

갚아야 할 빚도 많은데

등 뒤에

빗물이 고이네

시월에

산이 말라가기 시작했다
숲이 술렁이자
일렁이던 잎사귀들이
허공 속으로 몸을 던진다
벗겨져가는 맨살에
나무는
몇 가닥 흰 뿌리를 땅 밑으로 밀어 넣었다
머잖아 사라질
잎들마다 초록빛을 담아내던
산은
한숨이 휘감기는 한 세월의 끝
애써
뒤척여 보지만
부서져 내리는 소리뿐
살찐 기억까지
바람 속으로 흩어지는 계절
미처 다 비우기도 전에
시간은 시월을 낚아채갔다

기억이

투명이 흐려지고 있다
흐릿해지던 것들이
서서히 소멸돼 가고
어느 여름
숨을 참던 검푸른 바닷물 속에 잠겨 있는 듯
아득함을 마주한다
흐림은 속도를 더해
자귀나무 사이
어린 새의 울음소리를 삼키고
빈 기억을 불러 모은다
어제를 지운 새벽이 몸을 풀면
어린 새들은 투명을 보챈다
하나씩
닫혀가다 끝내 지워진다는 것
깜깜한 벽에 갇힌 듯
어른거리는 형상들뿐
어쩌면
한 생이 이렇게 저물 수도 있겠구나

내게로

내 안에
솜털같이 여린 마음이 있으니
정든 이여
당신의 심장을 내게 주어
무거운 생을 함께 밀어주게
너로 인해
지나간 계절처럼
절반의 통증과 눈물이 사라질 수 있게

이른 새벽
맨발을 적시는 이슬에 떨어지는 달빛처럼
내게 와 준다면
기울어진 바람이 절망처럼 달려들어도
슬픈 노래는 하지 않겠네
정든 이여
서러운 시간들이 내 손을 잡을 때
당신의 심장을 내게 주게
그 뜨거움으로
살아갈 수 있을 테니

철쭉이 폈어요

누가 그를 보았습니까
어제 같은 오늘입니다
뒤적거려 보면
뜨거운 마음 하나 찾을 수 있습니다
볼 수 없는 그가
어제는 산길에서
오늘은 들판에 서 있습니다
우리가 쏟아냈던 호흡들로
영취산은 빨갛게 물들었습니다
산은 들판은
그 호흡으로 봄이면 사랑을 퍼 올립니다
그들은 그의 부재를 모릅니다
그러기에 서로
엇갈린 청춘의 길목에 주저앉아 웁니다
어제처럼
철쭉을 휘둘러온 바람에게 묻습니다
그를 보았습니까

여름 길에서

사나워진 햇볕에
설마 하다가
쏘아대는 괴력에 주춤 물러섰다
한겨울
얼음 쌓인 기억을 불러오면
이 땡볕에도 무릎이 시릴까
푹 숙이고 걷다 보니
그늘도 숨은 땅바닥에서
가득 담긴 과일들을 파는 아주머니
뜨거움을 온몸으로 받아내고 있다
이제야 보이는 것
뜨겁고 차가운 길 바닥에서
생을 줍는 사람들
실없는 마음
한 가닥 남기고 돌아오는 길
어쩌지
내일은 더 독해질 햇볕인데

남자친구

잔디처럼 펼쳐 놓고
시를 심고 키우던 날들이
한참이라 궁금했다
그는 어딘가에서 밭을 일군다 했다

내게 풀씨 하나 심어 놓고
그곳에서 새 풀을 심는다고 했다
버려진 의자처럼
기울어지는 거 같았지만

예측 못했던 일이라 말하지는 못했다

무얼 그리려 했던가
나는 아무것도 모르고 있었다
그러는 사이
내 안에 풀은 자라고 있었지만
오래지 않아
맥없이 시들어져 갔다

내 그림 속에서 빠져나간 그는
어디에다 또 다른 풀씨를 뿌리고 있을까

미처 몰랐다
그의 부재가 내게 닿아 있을 줄은
왠지
초코파이가 마구 먹고 싶은 날이다

떠난 것들

나쁜 꿈을 꾼 것도 아닌데
옛 친구가 나를 버렸다
내 안을 갈라서 보여줄 틈도 없었다
옆으로만 쓰러져 있는 풀이 되어
풀 수 없는 숙제를 안았다
한 움큼의 멍을 안은 채로
이대로 버려야 하나

하루가 길다
풀지 못하는 숙제 때문에 버려둬서일까
키우고 있는 고무나무 잎에
검은 반점이 생기기 시작하더니
걷잡을 수 없이 번졌다
버려야 하는데
눈을 맞추고 바라만 보고 있다
여기에도 마음이 들어 있었구나

햇볕을 쓸어 담아
겨울을 털어 내며
견뎌 온 이야기들이 고스란히 담겨있는데
나는

너 없는 빈 공간에서 얼마큼 너를 훑고 서있을지
포개어 떠난 것들 때문에
이 여름이 춥다

숲속에 앉아

숲으로 가는 길
햇살이 더듬거리며
들꽃들 위에 누워있다
아무 일도 일어나지 않길 바랐다
그땐 그랬다
너와 나
고운 걸음으로 먼 길을 걸어왔으니
유언도 없이 떠나도 되겠다
그랬었다

한참 여름이 익어 가고 있었고
숲은 훌쩍 커 가고 있었는데
그는
더 행복한 햇살 속으로 들어갔고
둘이 앉았던 숲속 나무의자
빈자리에 앉아있는 조각난 햇살
햇살도 깨질 수 있구나
그 위를 더듬는 손
온기가 없다
아무것도 모르는 햇살은
꾸역꾸역 쏟아지는데

시의 몸짓

눈빛들이 무대 위로 모아지고
시들은
불빛 아래서 몸을 굴린다
한 줄 몸새에
감성이 춤을 춘다
휘몰이 하는 서정의 공기들

살면서 묻어온 냄새들은 문밖으로 내보냈다

들여다본 순수의 방
하얀
본성의 나를 보는 일이 이리도 쉬웠던가
흐느적거리며
문장 속으로 들어가 유영하는 몸짓
한동안 절룩거려도 좋으리라

새어나갈까 틀어쥐고 있던 것들을
시의 몸짓 아래서
몇 올 풀어버리는 시간

풀어버리니 이리도 가벼운 것을

여행 때문에

아들이 여행을 가자 한다
유별난 불면증에
미리부터 몇 날이 무겁다

바뀐 밤은
빈 수레처럼 덜컹거리고
뼈마디들도 뒤척거릴
내겐 고난인
여정들이 두 팔을 벌리고 서 있다

어느새 투덜거리는 신경
낮은 호흡으로 다독여 보지만
몸짓 큰 불안이 서 있어
여행지에서 맞을 날들이 그리 설레지는 않다

그럼에도
읽힌 자식의 들뜬 마음을 어쩌랴
알 수 없는 게 세상일
큰 호흡으로 내딛고 볼 일이다

실없이 묻는다

운동을 끝내고
찾는 카페를
글을 쓰는 것만큼 좋아한다
속내같이
뜨겁고 차가운 커피가
멀거니 나를 올려다본다
돌아보니
나이만큼 왜소해진 삶
머지않아
텅 빈 비밀 몇 개 달고
밤의 연기처럼 사라질 것인데
카페언덕 풀꽃에게
실없이 묻는다
그 많은 풀 더미 속에서
우뚝 서 있는 삶이 무겁지 않은가
내년에도
그 자리에서 볼 수 있을까

물음표

감정이 뜨거워질 때
혈관은 팽팽하게 부풀어 오르지요
피의 온도를 아시나요
원래 뜨거운데 어쩌려고 온도를 올릴까요
불시에 비집고 들어오는 감정의 소리들
선을 새겨 놓고도
피는 왜 토하고 싶을까요
폭발하는 건 이기적인 마음이죠
악은 어느 유전자의 잔해일까요
고해성사를 하고 선으로 기울게 추를 놓지만
마음결을 다스리는 일은
거의 실패하지요
불끈 솟는 악의 축을 제어하지 못하면
위험수위까지 온도가 올라가지요
자제하는 일은 신의 영역처럼 어려운가요
신은 마음속에 있다지요
악의 온도를 내리면 나약해 보일까요
알고 싶어요
지은 죄의 값은 어떻게 상계할까요

소낙비였으면

는개비가 내리네
한낮
별것도 아닌
빗줄기에 잠겨 있다
미세한 떨림은
눈물을 가둔
눈동자를 가로질러
하얗게 잠재웠던
기억 위로 스며드는 빗물
운명이라 받아 안았던 너
그리움을 적시고
미처
빠져나오지 못한
고뇌를 적시고도
그치지 않는다
숲은 빈터에서도
젖은 시간을 잘라내며
살을 올리는데
나는
는개비에 무너지고 있다
차라리 소낙비였으면

장터에서

거칠어야 제맛인 오일장
아무 소리들로 차려진 주막집 상머리
고삐 풀린 술잔에 헝클어진 남자들
더 풀어진 여자
소주 몇 잔에
사내들이 끈적대기 시작하면
어느새 몰려든 동네 아낙들
뮤지컬처럼 펼쳐진 쌈 마당
관객들은 일상이라는 듯
즐거운 들썩임으로 막이 내려질 즈음
긴 생머리를 질끈 묶은
초저녁 달빛 같은 뽀얀 주인 여자
술에 젖은 땅에다
가슴을 부비며 목 놓아 울어대면
아낙들의 뒷걸음질로
한바탕 촌극은 막이 내려지고
모두들 가지런한 호흡으로
서로 다른 곳을 향해 걸어가지요
그들은
한꺼번에 피었다 떨어지는
꽃무리들이지요

산이 불러서

산을 오른다
숲이 달려오고 새들도 달려온다
그들이
머리칼에 옷자락에 엉겨 붙어 함께 오른다
까치 두 마리 앞세우고
햇살과 나뭇잎은 등짝에 둘러멨다
산은
가진 걸 다 내주며 내 발목을 잡는다
내 것이 아닌 내 것인 것 같아서
두고 오는 게 서툴러졌다

오늘 비는 내리지 않았다
비가 내리면
숲이 생가지들을 부러뜨리고
땅은 그 가지들을 가지런히 펼쳐놓는다
물이 모여
울먹이며 흘러가는 것 같은
그런 날은
긴 숨으로 가슴을 열어 숲을 담아둔다
솔 내음 먹은 빗물들도
마저 담아 두자

가지 끝에 서 있는 너를 보며

남도 바닷가에
친구가 많이 아프다는 소식에
오래전 시간들을 하나씩 잡아당겼다
그날들이 묻혀 있다가 그림자를 끌고 나왔다
밤이면 뛰쳐나와
꽃향기 가득한 벚꽃나무 불빛 아래
포차에서 로렐라이언덕[1]을 노래하며 뜨겁게 불을 피워댔었다

젊은 엄마 둘
나눠 마신 한잔 동동주에 가슴을 퍼 담고 돌아오는 길
목마와 숙녀[2]를 읊었던 그 길들이
먼 훗날
화가 또 하나는 시의 길이었음을 그때는 몰랐었지
너와 나
오래도록 늙어서 살 부비며 함께 닳아가자 했는데

기억도 아스라한 날들이 수없이 지나가버린 겨울날
병상에서

---

1 독일 라인강 기슭에 있는 절벽.

2 박인환의 시.

세월을 머리에 이고 퉁퉁 부은 얼굴로 웃고 있었지
무채색의 감정이 엉켜 흐르면
피는 검푸른색이 된다 했던가
너를 내려 보내는 심장에
푸른색 피조차 흐르지도 못했는데
그곳 남도
소소한 소식에도 왜 이리 한기가 드는 걸까

병원 대기실

북적이는 사람들
휴대폰을 보고 커피를 마시거나
허기를 채우거나
서성거리거나
시름 담은 분주함이다
일상을 가를 시간이 불려지면
테이블 위에 내려놓았던
불안을 품은
희망을 안고 일어선다
희망 쪽으로의 애써 기울린 걸음이 무겁다
빈자리는
채워지고 다시 비워지고
슬픔이 행복이
이보다 더
한 무더기로 붐비는 곳이 어디 있을까
작은 의자들은
누가 왔다 갔는지도 모르는 사이
죽음이
삶이 앉았다 가고 있다
가혹한 운명은
누굴 찾아 대기실을 맴돌고 있는지

빈집 앞

감나무가
초록은 여기까지다
소리치자
잎들이
잡은 손에 힘을 빼고
떨어지기 시작했다
한 세월의 끝자락
잎과 잎이 부딪히며 엉켜온 시절
바닥에 모여
잠시 얼굴을 부비고는
제 갈 길로 흩어져 갔다
가지만 남겨진 나무 아래
늙은 평상
시들은 세월을 펼쳐놓고
무얼 기다릴까

4부

절망

절망은
깜깜함 속에 있는 것
밝음은 오래전에 들판을 지나갔다
겨울새 한 마리
아까부터 어제의 그 자리에 앉아있다
무엇을 기다리는 걸까
해는 구름을 비집고 들어갔다
이 저녁
왜 이리도 추울까
오래전 나를 비켜 간 밝음은
어디서 길을 잃었나
나는 어제처럼
깜깜함 속에 절망과 누워있다
저 겨울새
내내 겨울이면
울음도 삼킬 수 없을 텐데
울음 없이 내일도
그 자리에 앉아있을까

신들의 위로

어떤 이의 눈물일까
눈비가
하염없이 내린다
그땐 몰랐다
탯줄이 잘라지면
죽음이 달라붙는 것을

신이 허락한 시간
움켜쥐려 해도
제 몫을 주고
때가 되면 거두어 간다

입춘 즈음에
눈비가
저리 소요하는 건
미리 거두어 간
죽음들에게 보내는
신들의
소심한 위로일까
죽음도
삶도 한 묶음이라며

괜찮아

어스름이다
밤이 가까이 오고 있다는 것
넌 언제까지일 거야
얼마나 더
빈 껍데기를 긁어대는 소리를 베고 있어야 해

문득 타인의 밤을 엿보고 싶어
건너편 창
꺼지지 않는 불빛 몇 개
나인 거 같은
나 아닌 서성이는 그림자

불 꺼진 창
거긴 어미의 자궁처럼
안식이 달라붙어 밤을 지배하고 있다
그 틈으로
안간힘을 써 밀어 넣어 보려는데 입구가 없다

끝없이 서 있을 거 같던 밤이
흔들거리며 사방으로 흩어져갔다
빛이 들어와 빠르게 어둠을 삼키고 있다

바짝 마른 눈으로 보는 아침이다

그래
하루씩만 견뎌보는 거야

가야 할 길

다시 설 수 있을까
가기 싫어
나를 보고 있는 뜨락 가시나무에 부딪히는
햇살에게 애원했어
난 그대로인데 몸이 자꾸만 헛돌고 있어
세월이라 했지 나를 상하게 만든 게
시들어진 열매가 걸려 있는 문 너머
냉기 흐르는 방 안
끝내 서러운 그 길을 두고
웅성거림이 나를 옭아매고 있다
내가 나일 때 그랬으면 좋겠어
피붙이들의 고뇌가 부서질 수 있다면
말라 가는 몸뚱이를
겨울 산골짜기에 아린 눈물로 누이고
조여 오는 옷을 벗어 버리고 싶어
저 끝자락에서
떠오르는 그림들은 내 것이 아니었으면 해
선택의 시간이 말없이 기다리고 있어
고개를 숙이는 내게 체념이 다가와 속삭였어
거기도 괜찮아

병원에서

다 삐걱거린다고
한마디에
정신이 무너졌다
일어서야겠는데
자꾸만 거꾸로 처박힌다
구름을 밟듯 허둥대는
그 시간들 속에 나를 찾듯
멍하니
로비의 대형 티브이 속
타인의 세상을 본다
아득한 앞날들
저항할 수 없는
견뎌가야 할 두려운
피폐해질 시간들이 놓여졌다
신은 어쩌다가 지나쳤을까
그럼에도
괜찮아 괜찮아
낮은 신음으로 다독인다

장마

지루한 울음으로
젖은 연기가 땅바닥으로 주저앉는 저녁
비의 냄새를 맡은 새들이 젖은 날개로 울어댄다
태양은 어디론가 떠났다

하늘이 검은 막을 치면
가없는 빗물들이 슬픔을 휘감아 안고
긴 목을 늘어트린 채
서로를 부르며 흘러내린다
떠내려가는 마음들이 보인다
긴 울음들도 시궁창으로 흘러가고 있다

나는
빛으로 가득 채워질 세상을 기다리며
유리창 안에 갇혀
우울을 안으로 퍼 올리고 있다

머잖아
태양은 금빛 날개를 펄럭이며 돌아올 것이다
뒷덜미에
햇살을 가득 담고 가뿐히 문을 나설 때

비의 냄새를 지운 새들도
동쪽으로 비상할 것이다

어떤 가족

불편한 가족들이다
서로가
각자 폰에만 열중하다 가끔 곁눈질하다
짧은 한숨으로 이어진다
그들은 삼키기만 할 뿐
먼저 말하지 않는다
각자 다른 길을 찾는 사람들

사물들도 차갑고 조용하다
불편함이 셔츠 사이를 비집고 나와
꽃다발 받지 못한 연극배우처럼
막이 내려지기만 기다린다
버릴 수도
함께 굴레를 돌릴 수도 없는
말이 없는
더 말이 없어질
머잖아 부서져 버릴 가족

잠의 내부

모든 게 하얗다
아침인 줄 알았는데 밤이었어
자야 한다는 강박에
잤다고 우기고 있어

그런 날이면
동질의 사람들의
꺼지지 않은 불빛에
밤이 분해되는 소리와
그들의 몸부림이
비가 오지 않는데도
빗소리처럼 들려왔어

어떤 밤은
감은 눈 위로
벽이 달려들어 목을 누르고
하얀 깃발이
밤새도록 펄럭였지
잠이 없는 잠의 내부에 갇혀
자꾸만 동쪽으로 달려가고 있어
해는 서쪽으로 지는데

일탈

모든 것이 지나간다
지나가면서
버린 마음에서 기억 하나가 흘러왔다

서투른 나이였다
비틀거리는 게 멋인 줄 알았던 때
빨간 립스틱을 바르고
오디가 익어갈 때를 기다렸지만
그해 오디는 익지 않았고
저절로 비켜가는 바람 따라 가 버렸다

따야 할 열매도 사랑도 지나가고

텅 빈 나를 채워 줄 바람을 기다리다
내 것이 아닌 바람을 받아 안았어
등 뒤로 허한 비웃음이 따라왔지만
모른 척했어
불덩이 같은 불장난에
덴 살이 아물지도 못했어

침묵 같은 밤

잘라 버리고 싶은 기억들이
방바닥에
허연 달빛처럼 누워있네

집착

남자를 만나기로 한 날
수화기를 내려놓기도 전 호흡이 먼저 뜨거워졌다
날과 날 사이
조급함이 서성대는데
시간은 긴 꼬리를 늘어트리고 느릿느릿 지나간다

한 사람은 소극적이고 한 사람은 집착이다
사랑을 앓았을 때
열정이라고 우겼지만 집착이었다
몇 번의 헤어짐이 오고 갔지만
심장의 불을 끄기엔 아직 이른 청춘

집착을 물고 있는 갈망이
남자를 향해 불길처럼 뻗어가는 사이
마음이 마음을 덮고 있어
바람이 지나가는 소리도 들리지 않았고
선인장이 시들어가는 것도 보이지 않았다
오롯이
내 안에 그만을 가두고 싶었을 뿐이다

그 안에도 내가 있을까

우울

내 안에 뭔가가 있어
그가 나를 우울 속으로 밀어 넣고 있다
눈을 떠
안에서 불어오는 낯선 바람을 만난다

모든 것이 기울어지고 있다
나쁜 꿈속에 갇힌 것처럼
울컥대는 분노는 뭐지
백만 번의 질문들을
물컹해진 두 눈가에 꺼내놓았다

햇살이 비켜 간다
정박지가 없는
항로를 떠돌며 침몰을 견디는 중이다

희미한 죽음이 지나가며
스러지는 내 뿌리들을 꺼내 바람 앞에 내놓고
허공의 무게로 손을 흔든다
바람아 불지 마라
살아야겠다 이 또한 인생이다

안채의 여자

길들여진 묶은 항아리같이
어둠 속에서도 고운 빛을 품고 있는
안채의 여자

밤의 모퉁이 하나가 허물처럼 흘러내리는 아랫방
나는 바닥이 좋아
매혹을 뿌려 놓은 여자가
성급한 리듬 속에서
남자의 목에 두 팔을 얽어매며 속삭인다
오래된 항아리는 깨트려 줘

파스칼은 말했지
잠재된 동물성은 눈앞 먹이에 사활을 건다고
탐욕의 허기에 꿇어 버린 무릎
이성을
정신을 조각내 복종만을 주워 넘기며
게걸스레 육신에 빠져드는 남자
감싸는 어설픈 어둠에 기대어
가릴 실오라기 한 톨 없는
맨몸뚱이 물고 안개처럼 스며들고 있다

달의 밤을 끌어안은 안채의 여자
묵히고 묵혀 윤기 흐르는 두툼한 항아리에
독한 허물들을 주워 담으려
밤마다 비우고 또 비워 낸다

졸혼 전야

방구석에서
무릎에 얼굴을 파묻고 앉아있는 여자
응얼거리고 있는 텔레비전
그 앞에 정물인 듯 미동도 없는 남자
가스 불꽃이 날리는 것을 힐끗 바라본다

정돈되지 않은 사물들
무거운 공기에 짓눌려 낮은 호흡에 입이 닫혔다

물속에서
숨을 몰아 수면에 올라와 토해 내는 고래처럼
여자는 수면을 찾아 자맥질을 시작했다
딱딱한 벽에 막혀서
솟구치다 떨어지길 여러 번
뿜어내지 못한 말을 입속에 물고
망설임이 깔린 바닥을 딛고 일어섰다

자맥질도 못하는 남자
어디에도 손을 내밀지 않았다
어둡게 더 어둡게 버려두었다
남자는

불가능한 쪽으로 굴러가는 시간을 바라보고 있다
여자가
날을 세운 칼을 들고 방문을 열었다

졸혼

어둠을 밀고 오는 빛에
얼굴을 부비며
커피포트에다 미소를 퍼 올린 여자
게으른 여유 속에 몸을 맡긴다

그가 살다가 간 자리
사물들 사이
드문드문 앉아 있는 그의 흔적들
잠시 지켜보고는
가볍게 날아오를 날개를 폈다

남자는 강함으로 지배하길 원했고
여자는 애증의 혼돈에서
의미 없이 표류하다가
느지막이 눈을 떠
그의 굴레에서 달아나 이주했다

남자의 집
오늘도 빚을 갚듯이
날개를 숨기고 타인처럼 벨을 누른다
절여진 날들이

그만큼의 두께로 둘을 바라본다
그만큼의 무게로 등을 돌린 남자
날개를 펴는 여자 뒤로
닫힌 문안에서 이명처럼 들리는 한숨 소리

이기적인

동서가 숨이 가쁘다 했다
매번 들어온 푸념이리라
마침 울리는 친구의 컬러링에 더 애정했다
그 후로도 쭉 그랬다
한밤에 벨이 울릴 때도
별일 아니라고 무게를 놓친 잠에 두었다

남자의 연으로 묶인 여자들
집어 든 시집처럼 손을 뻗으면
늘 그 자리에 있었다

내 판단이 약간의 기우였다고 느끼기 시작한 건
다녀온 둘째 동서의 전언이었다
변한 성격에서 생소함을 보았을 뿐
겉모습은 단아하고 말끔했다고
봐야겠다는 조급함과 괜찮겠지 하는
두 개의 갈등이 있었지만 게으름이 눌렀다

길들인 신발처럼
무뎌져 갈 때쯤 형벌처럼 죽음이 배달됐다

나는
되돌릴 수 없는 시간에다 나를 밀어 넣어
내 안에서 질러대는
회한과 비통으로 한동안 앓게 될 것이다

그에게 나는 얼마나 이기적이었을까

잠의 유령

밤이 깜깜하게 서있어
괴로울 것밖에 할 일 없는 시간
오래전이었지
잠을 첩년처럼 거부했던 게

시작은 아마 두 손에 죽음을 쥐어본 날이었어
조준된 총알에 여지없이 관통당하고
무르익는 봄의 교향곡을 중단하고 무대 뒤로 밀려났지

계절은
막 봄을 지나고 있었지만 내 꽃밭에는 눈이 내렸어

그때는
멍청하게 잠을 밤에다 저당 잡힐 줄은 몰랐어
그저 정화되지 않는 혼돈의 찌꺼기를
잠에게 넘기느라 급급했어
아니면
나침판 없는 미지나 검은 수심 속에다
나를 던져 버렸을지도 몰라

잠과 거래를 하고

유랑하는 두 눈 사이에서 번뜩이는 유령들의
춤사위를 봐야 했어
수만 가지 통증이 날을 세워 끈적거리는 핏줄을
쑤셔 대고 있어

맛 바꿔버린 불면이 질기게 붙어 있는 밤
어둠 속에서 뱅뱅 돌고 있는 건
내가 팔아 버린 잠의 조각들이었네

어떤 생

바다에서도 땅에서도 커다란 존재로 살았던 아버지 당신의 아내의 생을 끄집어내봅니다

여러 해를 먼 이국의 바다를 누비던 단련된 정신들도 본능의 욕구를 제어하지 못했다
딸만 셋을 낳았던 여자
아들에 집착하는 남편과의 삶에서 그녀가 할 수 있는 건 여자를 물색하는 일이었다
계절이 바뀌듯 바뀌는 여자들
암울한 시대 가난한 생을 매달고 문 앞으로 몰려와서 물질을 빌미로 영혼을 넘겼다
부의 가치가 절대적이었던 그녀들의 허기진 선택을 그녀는 손 내밀어 받아들이고 이불을 펴 댔다
그런 날이면 새벽녘까지 밤바다에 떠도는 바람을 치마폭에 쓸어담았다
그런 그녀를 불같은 화를 뿜어내며 찾던 아이러니한 당신
치욕스러운 은밀한 거래에도 이루지 못한 종족의 대를 위해 순회하는 벌처럼 다처를 두어 피폐해진 그녀의 영혼마저 밟고 커다란 존재로 군림하며 그녀를 차갑게 버려두었다
자신의 유전자로 대를 이으려는 집념 그 그늘에서 딸들의 유년은 아버지를 부정했고 손톱 끝에 매달린 인연 한 조각도 버거워했다

아픔의 무게만큼 그녀와 유착되었고 딸들의 서툰 사랑이 시작되기 전까지 그녀는 더는 깊은 불행 없이 살아갔다
 휘몰이하듯 몰려온 딸들의 사랑
 학습되지 않은 애정의 행로에 표류하던 딸들은 하나둘 제 몫의 사람을 따라 떠나보냈다

 텅 비워진 생에 장맛비가 두드려 대던 날 예기치 못한 부고가 통증처럼 날아왔다
 그의 여자들은 재빠르게 그림자를 쓸어안고 사라져 갔고
 그녀는 누런 봉투에 담긴 남편의 사진을 불태우며 비로소 애증의 올가미를 벗어던졌지만
 마저 태우지 못해 눅눅해진 자신의 영혼마저 던져 넣었다

요양원의 벚나무

숨은 그림처럼
엉킨 숲속에 건물 하나 놓여 있다
침상을 마주 보는 벚나무
꽃도 잎도
부지런한 바람이 데려가고 빈 가지로 서 있다
메탄올이 흠뻑 뿌려진 침상으로
유배당한 남자가 세월을 눕힌다
헐떡거리는 심장
발끝으론 창백함이 기어오르고
잡은 두 손등으로 텅 빈 오후가 지나간다

세월을 다 삼킨 끝자락
닮은 사람들이 앉아
조여 오는 시간을 털어 버리려는 빈 웃음들이
바닥에 굴러다닌다
머잖아 사라져갈 사람들
지켜보는 벚나무
하얀 시간이 병상으로 빨려 들어가면
제 몸을 흔들어
죽음의 냄새를 털어내고 있다

가뭄

오늘은 비가 오려나
두통이 꿈틀대기 시작했다
호수가 목말라 우는 소리도 들었어
오래된 호수엔 남은 게 없어
바닥에 물조차 말라버려
고기들의
꿈틀거림이 사라진 자리에
검푸른 이끼가
몸에 핀 검버섯 같았어
호수에게 물었어
비를 불러줄까
팔이 굳어 물을 안을 수 없다 한다
마저 마르도록 햇살에게 부탁했대
아니
난 비를 불러 보기로 했어
마른 목이 적셔지면
살이 오른 팔로
고기들을 불러 모을 수 있을 거야
그러니 살아주라

애비의 생

　느닷없는 퍼부어 대는 빗줄기에 새들이 외마디를 지르며 죽어가는 나무 사이로 숨어든 오후 밤보다 더 어두운 표정으로 모여 앉은 식탁 그 유리 위에 막막한 숙제가 던져졌다 순간 서로 묶여 있던 줄이 풀리고 각자 다른 방향으로 선회했다 바닥에서 올려다본 아득한 입구. 가시 같은 순간들이 느릿하게 지나가고 얇은 눈꺼풀에 묻은 눈물 몇 방울 식탁 위로 떨구고는 각자의 출구로를 확인하기 시작했다

　　이기적으로 꾸려왔던 삶
　　나는 변명으로 너는 방관으로
　　또 한 사람은 무관심으로 돌아앉아
　　모두가
　　거미줄 너머에서 손짓하는
　　한숨으로 이어질 것 같은 삶을 밖으로 밀어냈다
　　그들은
　　탁한 숨을 끌어 모아
　　오만가지 핑계를 겹겹이 발라
　　애비의 삶에서
　　새처럼 가벼이 날아가고 싶어 했다
　　누구도
　　숨 가빴던 애비의 생을

목말을 태우던 말갛던 유년의 햇살을 말하지는 않았다

작가의 글

초등학교 여름방학 글짓기 숙제가 글을 쓰는 계기가 된 것 같다.
상을 받고 아버지가 국수를 삶아 동네잔치를 했던 기억이 있다.
자라면서 한 번씩 꿈틀거리고 울컥하다가 시려오면 이게 뭘까 그 때마다 글이 쓰고 싶어졌다.
시를 쓴다는 건
혼자만의 언어 그리고 비밀한 내면을 열어 놓는 일
아무도 인정 않는 자신만의 세상이고 외롭고 힘든 여정이다.

섞이지 못해
홀로 떨어져 피어있는 꽃을 만날 때
퍼런 새벽이
어스름에 물드는 저녁이
달빛 때문에 잠들 수 없었던 밤들이
그 모든 일상 속 마주치는 사물들이 가슴으로 부딪쳐 올 때
나는 멍하니 아름다운 슬픔을 만지고 있다.

두 번째 서툰 시집
심연을 끄집어내 마주하고 싶어서 끄적거린 글들이다.
묶어내고 싶었지만
망설임은 무거웠고 용기도 무거웠다.
글을 세상에 내놓는 일은 두렵고 무섭기도 하다.

수년을 머물다 끄집어낸 건
오래 버려두었던 글들에게 미안해서다.

바다는 아무 말도
하지 않았다

ⓒ 김유미, 2025

초판 1쇄 발행 2025년 12월 1일

지은이	김유미
펴낸이	이기봉
편집	좋은땅 편집팀
펴낸곳	도서출판 좋은땅
주소	서울특별시 마포구 양화로12길 26 지월드빌딩 (서교동 395-7)
전화	02)374-8616~7
팩스	02)374-8614
이메일	gworldbook@naver.com
홈페이지	www.g-world.co.kr

ISBN 979-11-388-4997-5 (03810)

- 가격은 뒤표지에 있습니다.
- 이 책은 저작권법에 의하여 보호를 받는 저작물이므로 무단 전재와 복제를 금합니다.
- 파본은 구입하신 서점에서 교환해 드립니다.